मेरी उधेड़बुन

वैदेही संचेती

BookLeaf Publishing
India | USA | UK

Presentation by *BookLeaf Publishing*

Web: www.bookleafpub.com

E-mail: info@bookleafpub.com

ISBN: 9789363312296

First edition 2024

संघर्षरत मेरे हर सहपाठी, हर सहजीवी को समर्पित

अभिस्वीकृति

कविता के मार्ग पर चलने वाले, मेरी कविताओं को ध्यान से पढ़कर, आलोचना कभी समालोचन करने वाले मित्रों को बहुत धन्यवाद। आपके प्रेम ने साहस दिया है!!

प्रस्तावना

2013 से 2023, ये दस वर्ष मेरे जीवन के सबसे महत्वपूर्ण वर्ष साबित होंगे । पटकथा लेखन को सीखते-सीखते मैंने अपने जीवन की कई परतों को खुलते देखा। गुज़रे पलों को बेहतर समझने की कोशिश रही। रिश्तों को और मज़बूत होते देखा। नए तार जुड़ते देखा।

तटस्थ भाव से अपना आलोचक बनने का प्रयास रहा। साक्षी भाव से लिखना, जीना दोनों की कोशिश रही। देश में बदली हुई हवाओं में, मैंने अपने आप को एक संघर्ष के बीच पाया। उस संघर्ष के दौरान एक "Wisdom Tree" इस नाम के धनी एक आम के पेड़ तले एक दिन मेरी, मुझसे मुलाक़ात हुई।

हवाएं कैसी भी हों, जीवन नहीं रुकता है, न रुकने देता है। गर्म हवाओं से बचते-बचाते, जीते जिलाते लिखी ये कविताएं वाचकों को अर्पण।

सूचकांक

बहुमत

एक फूल दो फूल!
बचपन से घर के बड़ों को सुना
करते व्यक्त अचरज रोष,
कहने को लक्ष्मी का आसन
ख़ाली मगर स्वयं का कोष!

बचपन से देखा एकाकी कमल
जल में संयम से खिलता हुआ
याद है मुझे वो ऐतिहासिक पल
जब पूरा तालाब गुलाबी हुआ!

उन्मत्त कर देता है बहुमत
सोचकर रूह काँपी, जी डरा!
कमल करेगा साबित ग़लत
दृढ़ विश्वास था मन में भरा।

एक एक कर कुम्हलाए फूल
तालाब में कुछ नहीं बचा हरा
बात बहुमत की थी ही नहीं
कोस उसका था विष से भरा !!

कोसः फूल का संपुट या फूल के भीतर का वह स्थान होता है जहां मकरंद रहता है

कोकिल कंठ

तुम बढ़ाते रहो अवरोध
भेजो नित नई आपत्ति
गहराएगा हमारा विरोध
मैं करती रहूंगी उत्पत्ति

तुम अपने शस्त्र ले आना
मैं अपनी कविताएँ लाऊँगी
तुम अपने सैनिक ले आना
मैं अपना मनोबल लाऊँगी

भूल न जाना तुम षड़यंत्र
मैं संघटित होकर आऊँगी
ख़ूब चलाना दमन तंत्र
मैं निश्चय दृढ़तर लाऊँगी।

चलाकर तुम अपने तीर
मुझको आहत कर जाना
बदले में संतप्त मेरी पीर
प्रश्नों के मार्फत ले जाना।

जब मेरा टूटा आर्त स्वर
कानों में गड़ती कील होगा

मरकर भी हौसला अमर
दिल को रहा छील होगा,

मेरे आँगन के अम्बवा तले
तुम अपनी पीर लेकर आना
कोकिल कंठ के गीत मले
कुछ शीतलता तुम भी पाना!

के गीत भेद नहीं करते
कौन सुनकर क्या पाते हैं
वो कालातीत हैं गूँजते
आततायी आते हैं जाते हैं!!

आसिफ़ मेरे दोस्त

कैसे कर लेते हो तुम?
उबलती नफ़रतों में भी
ख़ुद नफ़रत से अछूता रहना!

कैसे कर लेते हो तुम?
ज़बान होते हुए भी
ज़हर पीकर, ख़ामोश रहना?
कैसे कर लेते हो तुम?
इतनी दहशत में भी
ढाढ़स बांधे डंटे रहना?
कैसे कर लेते हो तुम?
बेवफ़ाई के इल्ज़ामों में भी
वफ़ाओं का ख़ुलूस ओढ़े रहना?

वैसे ही जैसे मैं
अपनों के अंदर का ज़हर चख भी
चाहती हूँ उन्हें प्यार करते रहना
वैसे ही जैसे मैं
भेद की राजनीति में भी
नहीं छोड़ूँगी निर्भय हो सच कहना

ऐसे ही जीना है हमें आसिफ़
बँटवारों को सिरे से नकार
थामें रहना है एक दूसरे को
लेकर, देकर हौसले उधार

धीमी चाल

इश्क़ चलता है धीमी चाल
हौले से कूल्हे मटका कर
हर कदम फूंक-फूंक कर
थोड़ा लेकर थोड़ा देकर
थोड़ा छिपकर थोड़ा खुलकर
खटाई में घुल घुलकर,
नमक में रच बसकर
धीमे-धीमे पनपता है इश्क़।

नफ़रतों में
इतना सलीक़ा कहाँ?
दूध के उफ़ान सा
कायरों की ज़ुबान सा
बाज़ार के घाटों सा
और ज्वार भाटों सा
नफ़रतों का क़ाफ़िला
आज है, कल नहीं।

दिलासा है मुझे नफ़रतों की
इस वाहियात टेढ़ी चाल का
मेरे वतन में आई यह आंधी
आज है कल रहेगी नहीं।

चलता रहेगा इश्क़ धीमी चाल
हौले से कूल्हे मटकाकर
नफ़रतों को नज़रंदाज़ कर
तहज़ीब और सलीक़े के साथ।
धीमे, धीमे, धीमे, चलेगा
'और' निखरेगा, खिलेगा
बना रहेगा इश्क़!!

माँ का इलाज

मां ने कहा पहली बार
हो गया, अब बस!
पचहत्तर साल की गवाही
देती है अब नस-नस!

भारी से लग रहे हैं
अंतर्वस्त्र, सूती साड़ी
हर पल बोझिल-सा है
धीमी हो रही नाड़ी!!

स्वप्न पूरे, पोता-पोतियों में
युद्ध अधूरे, जीते बेटियों में
सोचती हूं, पूर्ण विराम लूं
कर्मों के फेरे को, विश्राम दूं!!

भगाने इस मायूसी को
क्या देती मैं औषधी?
चटकारों भरे कुरकुरे,
गोल-गप्पों की दवा दी!

खाती चली जा रही है
अब नहीं कहती बस!!

जीवन में क्या चाहिए
माँ और थोड़ा रस!!

विस्थापित

चटक हरे पत्तों वाली ज़ीज़ी,
कर चाहत ऑक्सीजन की
गमले में हमने बिठाई।
खेलते समय एक टहनी,
गेंद से आहत बच्चों की
उखड़ी, झुक गई मुरझाई।

मुरझाई टहनी ने खींचा ध्यान,
जी उठो प्यारी मांग वरदान
गमले में मैंने फिर दबाई।
इसको अपना कर्तव्य जान,
टहनी खड़ी हुई सीना तान
जल्द जड़ें पकड़ मुस्काई।

काश इतनी ही सहजता से,
विस्थापित जड़ें उगा पाते
अपना लेती उन्हें ज़मीन पराई।

ज़ीज़ी (ZZ plant): एक ऐसा पौधा है जिसे घरों में लगाया जाता है। यह पौधा हवा को शुद्ध कर ऑक्सीजन देता है।

जूता

दराज़ों में
रद्दी के नीचे
छज्जों में
अटैचियों के पीछे
अम्मा के
आंचल तले
रखो वहां
जहां न खले!

सीने से लगाए
रखा है
चमकाकर सजाए
रखा है
जूता हूं
पैर नहीं!
उतारो, वरना
खैर नहीं!
कर आओ तुम
लम्बी सैर
कुछ दूर ही सही
नंगे पैर!!

पैर की
उँगलियाँ खोलो
एड़ी तलवों के
घाव धो लो
जब उतारोगे
अपने यार
तभी छिड़ेंगे
दूसरे तार!!

दराज़ों में
रद्दी के नीचे
छज्जों में
अटैचियों के पीछे
अम्मा के
आंचल तले
मुझे रखो
जहां न खले!

चलो ढूंढ लो
दूसरे पैर,
उनके जूतों
में कर लो सैर!
ये पहनकर ही
पता चलता है
किसका जूता
कहाँ खलता है!!

पराभूत

तुम कहो तो
तुम्हारे निहित कोने में
तुम्हारे बताए आसन में
घंटों खड़ी रहूंगी
झाड़ू सी

तुम कहो तो
मुंह पर कपड़ा बांध
केश वपन कर
चुप्पी साध लूंगी
साध्वी सी

तुम कहो तो
किताबों के पन्ने फाड़
उन्हें गोदी में रख
स्वयं जला दूंगी
होलिका सी

तुम कहो तो
स्वप्न हीन, ख़ाली,
खुली आंखों से
सोया करूंगी
उल्लू सी

जीभ काट कर
रख दूंगी बरगद
की ओटरी में!
लगाव अलग कर
फेंक दूंगी
काल कोठरी में!

नतमस्तक
घुटनों के बल
रेंग रेंगकर चलूंगी,
पराभूत मैं !!
इतना करो
मुझे पराभव में
जीवन्त अछूता
छोड़ दो!!

तय रहा,
पराभूत मैं
मेरा मालिक तय करो।
हाँ तय करो,
पराभूत मैं
मेरा 'एक' स्वामी तय करो।

उसका डंडा उसकी रोटी
उसका फंदा उसकी खूंटी
बँधी रहूँगी सती मरूंगी
कालचक्र उल्टा करो,
बस,गिद्ध बन यूँ ,
नोचना तुम बंद करो ।

वरना मैं जन्म न दूंगी
न लूंगी, समझ लो!!

पराभूत मैं, मैं वैदेही
मुझे, हे धरा, स्वीकार करो
क्या तुम त्रस्त नहीं इससे इला?
नए जीव अब तो गढ़ो!!

प्रेम

धरा को अपनी बाहों में भरना
काफी नहीं था समंदर होना!!
देखा उसने निर्भीक सपना
कैसा होगा आसमान में उड़ना?!

पर इतने बड़े देह का भार
किन पंखों पर होता सवार??
देख उदर के भाटे ज्वार
सूरज पहुंचा हो उदार

फिर इतनी विशाल काया
बूंद बूंद रवि ने बफाया,
पहुंचा सागर नभ के पार
नकचढ़ा डोला ख़ूब इतराया!!

देख दोनों में अंतर बड़ा
वियोग में धरा का ज्वर बढ़ा!
देखी न गई धरा की पीड़ा
सागर बरबस ही बरस पड़ा!!

रज़ाइयों में

गुदगुदाती गुलाबी ठंड में,
ओढ़े मुलायम रज़ाई पड़ी थी
लम्हा दर लम्हा आँखों में
बीती ज़िंदगी सामने खड़ी थी

चाय की छन्नियों से मेरे
पल सारे छनते दिखे।
एक-आध रुका पास मेरे
अक्सर, बस छिनते दिखे।

गुज़रते पल जुड़कर
महीने साल उम्र हो जाएंगे।
रज़ाइयों में उलझकर
सारे पल क्या गुम हो जाएंगे ?

कुछ घटेगा भी कभी
जकड़ती इस नर्मी तले ?
उड़ान नहीं, सफर नहीं
कमस्कम नई कोंपले?

कोंपलों की सोचकर
धूप रज़ाई में घुलने को हुई

अलसाई पलकें काँपकर
हथेलियों तले खुलने को हुईं!

जड़ता ने की देह भारी
तौहीन से भली लाचारी
डर बोला रहने दो प्यारी
रज़ाई नहीं छूटी हमारी!!

कर खिड़की बंद लपेटी रज़ाई,
ज़ोर से झरती धूप चिल्लाई
फिर न कहना मैं नहीं आई!!
याद रखना के तुम नहीं आईं !!

कलरव

चल पड़ते हैं हम शहरी
शोर गुल को पीछे पछाड़
करिश्माई पंछी देखने
लंबी लेंसों में आँखें गाड़

किसी की नज़र बड़ी पैनी
एक टांग पर खड़ा इक मौनी
धनेश जैसे कुछ एक-पत्नी
कोतवाल की चोरों से ठनी

नहीं जँचता मुझे उन पर
यूँ इंसानी पैमाने लगाना
घरों में उनके घुस घुसकर
तस्वीरों में क़ैद करना

करता है मुझे लालायित
मधुर कलरव सुनते रहना
चुप्पी साधे स्थिर बैठकर
फलों से लदा पेड़ बनना

उनकी आवाज़ें अंदर भर
अपने शोर में मैं लौट आती हूँ

जब चिल्ल-पौं असहनीय हो
आँखें मूँद कलरव को जाती हूँ

बदतमीज़

नज़रों में मेरी रहता था
नज़रें चुराता फिरता है
मेरे पन्नों से लफ़्ज़ चुरा
अपनी कहानी गढ़ता है

रातें काली कर मेरी वह
उजला-उजला फिरता है
मेरे सपनों के पंख कुतर
ख़ुद नई उड़ानें भरता है

क्या करूँ यौवन मेरा,
मूँह चिढ़ाता फिरता है!!
बीत गया सावन मेरा
अब पत्ता-पत्ता झरता है!!

अलमस्त

अपने बच्चों की रज़ाइयों में घुसकर,
उनके रेशमी नएपन को ओढ़ती हूँ मैं।
अपने विचारों के मंथन में व्यस्त हूँ
उनसे सीख, नई सोच जोड़ती हूँ मैं।

पहनी है लिबास पैबंदकारी की उम्रभर
अब सफेद सूती साड़ी ही ओढ़ती हूँ मैं।
अपनी रज़ाई की उधेड़बुन में मस्त हूँ
अब नए ताने-बाने नहीं जोड़ती हूँ मैं।

देर ही से सही, पाया है अद्वैत मंतर
सकल दिकम्बर को ओढ़ती हूँ मैं।
अपनी हस्ती की पूर्णता में अलमस्त हूँ
ज़र्रे-ज़र्रे को परब्रम्ह से जोड़ती हूँ मैं।

त्रिवेणी 1

वो बादल थक कर सुस्ताता था पहाड़ी पर
वो पहाड़ी पानी-पानी होती उसकी छुअन से
खेत में खड़ा किसान गाली देता तो किसे

त्रिवेणी 2

मेरी आँखें कमज़ोर हो चली हैं
बसारत उसकी हो चली है तंग
अल्लाह दोनों को बहरा कर दे

बसारत: vision

सदियों का बाजा

दूर कहीं से
एक सदा सी आ रही थी
रूमानी गीत था कोई
बाहों में भरने को तरसता था
कोई बुलाता था किसी को आजिज़ी से
गाती थी वो।

आवाज़ की अदाकारी थी
या शांत सागर लहरों सी लय
नाव सी डोलती मैं खिंची चली गई
अपने पुरखों की गाई, तराशी धुन
उनकी आत्माओं से जुड़कर निभाती थी वो
गाती थी वो।

आवाज़ पर सवार आख़िर
उस चेहरे तक पहुंची
बच्ची सी थी, मगर बच्ची नहीं थी
सदियाँ अपने कंठ में समेटे
सर-सर चलती उँगलियाँ बाजे पर फेर
गाती थी वो।

फिर जाने कब मेरी उँगलियाँ
उस बाजे पर थिरकने लगी
अब उसकी गोद में थे पुरखे मेरे
मेरी आवाज़ की सदियों में तैरती वो थी
पर गाती थी मैं!

मेरे गीतों ने किया
उसका दूर बैठना मुश्किल
वो खिंची चली आई मुझ तक
तैरती, जहां से ग़ाफ़िल
आँखें कहती थीं चूम लो
बाहों में भर लो
इन अजनबी निगाहों से दूर चलो
मगर बाजे की बंदिश थी
सो गाती थी मैं!

चारों आँखों ने की साज़िश
तोड़ दी बाजे की बंदिश
इतने सारे बैठे थे गवाह
नहीं रुकी जुंबिश-ए-निगाह
पूरे नंगधड़ंग हो गए
बेशर्म हो पिघल-पिघल गए
मेरे गीतों में जुड़ा सुर उसका
होंठों से लगाए मैंने गीत उसके
फिर एक बंदिश सुनाई दी

वो जो मेरी थी, थी उसकी भी
गाते थे हम!

उसके पुरखे मेरे साथ हो लिए
और मेरी सदियाँ उसके कंठ बैठीं
विस्तृत समंदर लेटा था बीच
लांघ उसे मैं घर पहुंची।
समंदर को इसकी भनक नहीं थी
गाते थे अब मौन राग हम!
हमने स्वर लहरों पे दाग़ी
कश्तियाँ अपने गीतों की
उसे दिखाई, सुनाई नहीं देते!!
ख़ूब गाते हैं हम।

धमकाते हैं,
समंदर, सियासतें, समाज
जुदा कर देंगे, मार डालेंगे
कैसे करेंगे अलग उसे
जो दिखता ही नहीं!!
अबाध बजता है सदियों से
बाजा रुकता ही नहीं।

त्रिवेणी 3

न मंज़िल का अता पता है
न कोई रास्ता दिखाई देता है
बरसात और मुंबई की लोकल

त्रिवेणी 4

उसने फटाफट जेबें झाड़ीं
मैने खाली किया ब्लाउज़
न फोन मिला न मेरे सपने

रिश्ते

जकड़ो तो
खुलके फिसल जाते हैं
पकड़ो तो
पोशाक बदल आते हैं
तोलो तो
हल्के हो, खो जाते हैं
मोलो तो
'मैं के' से, हो जाते हैं
रिश्ते!!

ईर्ष्या से
मलीन हो जाते हैं
उपेक्षा से
महीन हो जाते हैं
प्रेम से
खिल जाते हैं
धैर्य से
गहरा जाते हैं
रिश्ते!!

पशु पक्षी भी
बनाते, निभाते हैं

रिश्ते

नवजात शिशु
नहीं होता ख़ुद खड़ा
उसे बल देकर
खड़ा करते हैं
रिश्ते!

पुरनूर

न पास हूं न दूर हूं
तुझमें मैं पुरनूर हूं
न आऊंगा न जाऊंगा
निगाहों का तेरी सुरूर हूं
न जश्न कर न ग़म ही खा
मैं सब्र हूं पुर सुकून हूं

न हाथ उठा न सिर झुका
नमाज़ हूं मैं वुज़ू भी हूं
यूं दर-बदर ढूंढा न कर
जहां तू है मैं ज़रूर हूं
आशिक़ नहीं न माशूक़ हूं
तुझमें ही मैं ज़हूर हूं

परवाज़

यूँ इतनी दूर से तू
मुझे आवाज़ न दे
जा ऊंचा सुनती हूँ मैं
मुझे आवाज़ न दे

मैं तेरे साथ ही हूँ
पर अकेला भी है तू
चल ख़ुद खड़ा हो ले
मुझे आवाज़ न दे

नहीं, न दे तू दुहाई
पुराने वादों की
बेवफ़ा जान मुझे,
मुझे आवाज़ न दे

सुनकर भी न आऊं
तो जी न पाऊंगी
खा मुझपे तरस ज़रा
मुझे आवाज़ न दे

बेड़ियाँ मेरी चुनी
मुझे परवाज़ न दें

मेरी उड़ान तू भर
मुझे आवाज़ न दे

इतने जन्मों से मैं
तेरी राह के काँटे चुनूँ
तेरा सफर न रुके बेटा
कोई आवाज़ न दे

वो मनाती उत्सव

वह (वो) मनाती उत्सव
एक पत्नी सत्य वचनी, आदर्शवादी राम का
वो मनाती उत्सव
ब्याह के अनुष्ठान में दिए, पति के नाम का

वो मनाती उत्सव
गृहस्थी में किए अपने हर त्याग का
वो मनाती उत्सव
अपनों के लिए छोड़े अपने हर अनुराग का

वो मनाती उत्सव
हर पड़ाव से पहले पार की दहलीज़ का
वो मनाती उत्सव
कभी पूनम कभी चौथ कभी तीज का

वो मनाती उत्सव
तोड़ी चूड़ियों से चमकीले पत्थर बीन कर
वो मनाती उत्सव
घुप अंधेरों से मुट्ठीभर उजाले छीन कर

वो मनाती उत्सव
मटमैली क़मीज़ पर रंगीन चुनर ओढ़ कर

वो मनाती उत्सव
अभाव के बीच भोग का गठ जोड़ कर

वो मनाती उत्सव
महंगाई की ऊंचाई मेहनत से नाप कर
वो मनाती उत्सव
सबके मंगल का हर दिन जाप कर

तो क्या हुआ अगर एक दिन मुकर्रर कर
उसका उत्सव मनाएं
वो जो औरत हो चाहे मर्द आपके जीवन को
हर रोज़ उत्सव बनाए!!

प

तानपूरे के
तीन तार
सा प सां
एक सा मैं
एक सा तुम
बीच में सुध,
अटल सा प
प से पन
प से पर
प से प्राण
प से प्रण
प से पक्खर
प से पक्वन
प से पंकज
प से पनग
प से परचून
प से पतझड़
प से परभृत्
प से परब्रह्म
दोनों सा के बीच पूरा ब्रह्मांड
अपनी जगह टिककर, मिलकर नहीं
रह समांतर, सारा पसारा, ग़म धन
समझ, अलापते रहना!
सा से सा तक
समांतर!!

पन: दांव बाज़ी की तरह इस्तेमाल किया है

पक्खर: पत्थर

परचून: grocery

परभृत्: जो दूसरे का पालन पोषण करता है

पक्वन: maturity

पनग: नागिन

कोऽहम

कई बार सोचा है कि
पिसते हुए गेहूं के दानों में
अगर यह सवाल होता
कोऽहम?

पेड़, हर फूल हर पत्ती
पेड़ से अलग होकर
साधना करती पूछती
कोऽहम?

एक-एक कण मिट्टी का
रौंदे जाने से चिढ़ता
उड़ता, उड़कर पूछता
कोऽहम?

पानी की एक बूंद
सागर को नकारती
अलग होकर पूछती
कोऽहम ?

मगर वो जानते हैं
वो पूर्ण हैं, ब्रम्ह हैं

व्यर्थ के सवालों में
उलझते नहीं!

मैं किंकर्तव्यविमूढ़
समझती नहीं
पूर्णमद: पूर्णमिदं
पूर्णम अहम!

कवच कुंडल

१

कभी मुलायम सी, चादर बनता
पसीने कभी आंसू पोछती रुमाल
कभी चिलचिलाती धूप में बदली
तो कभी मेरे इकट्ठा किये
चमकीले पत्थरों की गठरी
कभी कमर में दुबककर
अब पिटने वाली हूं की खबर देता
उसके तय किए अश्लील सीन में
अचानक से सेंसर बोर्ड बनता
कभी दुनिया से छुपाता मेरे दाग़
कभी उनके वारों पर बनता ढाल
माँ का आँचल
जैसे कर्ण के अभेद्य कवच कुंडल!!

२

आँचल मौसमों ने किया तार
सहन नहीं होता अब पाँच गज का भार
उसके काँपते खड़बड़े हाथ,
उसपर उभरी हुई नसों के साथ
मुझको करते आशीष प्रदान
चाहे आँखों से छूटी पहचान

अब मेरी बारी है मां को
पल्लू के कोने से, बांधूँ अचल
कहीं खो न जाए दोनों मुझसे
माँ और उसका अभेद्य आँचल!!

३.
जाने किस गज़ब थान के रेशम से
वो इतनी ज़्यादा मुलायम थी
हर तरह की किल्लत थी घर में
आँचल की मख़मल क़ायम थी
ज़िम्मेदारियों की वजह देकर मैं
कुढ़ती हूँ, चिढ़ती हूँ, पथराती हूँ
सोचती हूँ उसकी नक़ल कर लूँ
देखूँ कितनी मख़मल बुन पाती हूँ

अमृता

तुम्हारी आंखें, बदमाश भी हैं, कुछ मासूम भी
कभी उनमें गहरे प्यार का समंदर दिखाई देता है
और कभी दूर दूर तक दश्त-ओ-सहरा की भटकन
शब्दों से एहसासों के महीन गलीचे बिछाती हो तुम
कितनी बारीकी से दो सांसों के बीच की बातें
कई-कई पन्ने भर ख़ूबसूरती से लिख पाती हो तुम

जिस दौर में तुम थीं, काश मैं भी होती
तुम्हारी लंबी-लंबी उँगलियाँ चूमने
तुम्हारे घर के बाहर तुम्हारा दीदार करने
तंबू लगाकर निरंतर पाई जाती
रात दिन शायद तुम्हारा पीछा भी करती
रातों की चाय बनाती
तुम्हारा ऐश्ट्रे भी ख़ाली करती
मगर मैंने बहुत देर कर दी आने में!

अमृता नाम के दरख़्त के नीचे पड़ी रहती हूं
पंक्तियों में खोई रहती हूं दिन-दिन
एहसास बड़े या अल्फाज़ तोलती हूँ !
अगले जन्म में मुझे मिलना अमृता,
मैं तुम्हारी इमरोज़ भी साहिर भी हो जाऊँगी।
और तुम अमृता होकर थक गई होंगी अगर

तो एक इशारे पर तुम्हारे
मैं खुद से तुमको बदल आऊँगी!!

और नहीं

हर दिन सुबह चारपाई पे बैठ
अपने बगल के खाली हिस्से को देख
थकी कांपती उंगलियों का कंपन
दूसरे हाथ से थाम
धीरे-धीरे अपने ही बालों में
अपने काँपते हाथ फेर
दो चार बेवफ़ा जो निकल आए
गोलगोल कर जेब में डाल
बीते दिन का लेखा-जोखा मिटाती!!

अभी खिड़की की ओर बढ़ी नहीं
आवाज़ें रसोईघर से उस तक पहुँचती
वो चाय छानता होगा उसका आदमी
फिर इधर-उधर छींटे
और टोस्ट का बूरा गिराता!!

गहरी सांस में पूरी ज़िंदगी भर की जूठन
ज़िंदगी भर के अधूरे न झूठ न सच
नाभी से खींचकर वही एक सांस लाती
उसे हवाओं को नज़र करती

खिड़की में मुनिया की चुग-चुग ताल पर

अब धीरे-धीरे एक-एक जोड़
एक-एक स्नायु की मालिश कर
उठ खड़ी होती है कमर कसकर

तलाश में, चाह में, इंतज़ार में
कि क्या आज होगा वह दिन
जब आदमी उससे पूछेगा
कैसी हो तुम?

उम्मीद बड़ी या
उम्र भर इकट्ठा की हुई खीझ?

गर्मी हो या जाड़ा
यह सूखा ये उजाड़ा
उसका पीछा नहीं छोड़ता
यह अकाल उसकी कुंडली में
बैठ गया है चौकड़ी मार।

अपने हाथ उठाकर
उन्ही को अपने पूरे मुख पर फेरती
काली, सितारों की बूटी वाली फ्रॉक में
मुलायम तरल बचपन में है लौटती
जब वो पूरी थी!
किसी की अर्धांगिनी नहीं थी!!
किसी के प्यार की मोहताज नहीं थी

न किसी के कुशल पूछने का
इंतज़ार ही करती थी!!

और नहीं, अब बस और नहीं
उसकी नस-नस फटती चीखती है
आँखें मूंदकर कांपती मुट्ठी बांध,
सिर नीचा कर, चल देती है
टोस्ट का बूरा साफ करने
शायद आज पूछ ले उसका आदमी
कैसी हो तुम?!

एकांत

पहाड़ों की चोंटियों पर
बर्फ बिछी है मफ़लर सी
मैं हूँ, गेस्ट हाउस का कमरा है
और वो कौन एकदम मुझ सी?

अपने आप से यूँ अकेले
नहीं मिली थी बरसों से
डर लग रहा है मुझे, इस से
कोई शिकायत तो नहीं इसे?

ठीक से सो नहीं रही
आदत है पति की
करवटों के ताल की
ठीक से सोच नहीं रही
आदत है बच्चों के
मचाए भूचाल की
पूरा एक ऑमलेट
बिना किसी को दिए
खा नहीं पाती
पूरी चारपाई मेरी है
मगर उफ्फ़, फैलकर
नींद नहीं आती!

इन सभी के रंग में रंग कर
जाने कौन हो गई हो तुम?
जीते जीते यूँ सिकुड़कर
क्या मुझ-सी रह गई हो तुम?

वाइन के दो प्याले भरकर
चौकड़ी मार बैठी हूँ मैं
कमरा एकदम चहक उठा है
बातें करती हैं दोनों मैं!

औरंगज़ेब मेरा है

मेरे शहर का नाम बदल दिया है
मेरे मरने के बाद करते तो अच्छा था
मैं अब अपने शहर में नहीं रहती
पर उसके नाम से भी एक रिश्ता था

नए नाम से भी दोस्ती कर लो
वैसे भी औरंगज़ेब बादशाह क्रूर था
इस बात से मुझे परेशानी है
तो क्या नकार दें जो-जो मग़रूर था?

क्या-क्या मिटाएंगे हम लोग
तुर्क अंग्रेज़ आर्य अफ़ग़ान
और फिर पहुंचेंगे हड़प्पा में
होगा आज के भारत से मिलान?

एक मुल्क की तरीख़
अच्छे बुरे सभी तरह के लोग लिखते हैं
सिर्फ मुल्क ही क्यूँ
इंसान अच्छे बुरे दोनों रंग रखते हैं

सब ख़ुश-नुमा पाकीज़ा हो
क्या बस ऐसी तरीख़ गवारा है?

जितना अशोक अकबर मेरा है
उतना औरंगज़ेब भी मेरा है

उससे घृणा करके मैं
निशान उसके मिटाऊँ क्यूँ?
वो मरकर भी जीत जाएगा
जो धर्म के नाम राजनीति करूँ!!

सहमत हूँ यह सही होगा के
बुरी यादों का गौरव नहीं करें
संभाजी जहाँ रहा बन क़ैदी
क्यूँ न उस शहर को खड़की कहें?

कोई पूछे नाम मेरे शहर का
दो पल को ठिठक जाती हूँ
औरंगाबाद मेरा अपना था
देखूँ कैसे बिसरा पाती हूँ!!

कब चुप्पी अपनी तोड़ोगे

जब इस मुल्क की मिट्टी
बंटने के डर से कराह रही
जब हर एक आवाज़ उठती
कंठ सहित दबोची जा रही

जब राष्ट्र के प्रथम सेवक
खड्ड अवरोधक बन रहे
जब आँसू गैस का निशाना
निहत्ते विद्यार्थी गण रहे

जब धर्म के पवित्र नाम पर
सविंधान के पन्ने फाड़ रहे
मेरे फ़ाज़िल दोस्त कैसे हम
चुपचाप पल्ला झाड़ रहे

क्या बच्चों को कारण दोगे
क्यों आवाज़ नहीं उठाई थी?
यूं कब तक बे-ख़बर सोओगे
क्या दिखती नहीं सच्चाई भी?

इतिहास उन्हें कालक देगा
जो सूचियों में बाँट रहे

वो हमें भी नहीं बक्षेगा
जो यूँ चुप्पी साध रहे

हर तानाशाह की मज़बूती
हम जैसे अज़ीमों की चुप्पी थी
हर ग़लत के पीछे भी
करोड़ों सही लोगों की चुप्पी थी

कब चुप्पी अपनी तोड़ोगे
माँ भारती पुकार रही!
कब चुप्पी अपनी तोड़ोगे
माँ भारती सिधार रही!!

बेमानी

बेमानी बातों के बेढब ढेर
बिखरे हुए हैं बाज़ार में
किसी में कोई बात ही नहीं
बोले जाते हैं बेकार में
रुककर, चुप हो सुनते भी नहीं
कहने की उछाह में
लो मैं भी कितना बोल रही
उँगलियाँ डाले कान में
आख़िर बेमानी बातों का बेढ़ब ढेर
मुझ-सा नहीं बाज़ार में!!

दूसरा गाल

(२०१५ में FTII में हुई १३६ दिनों की हड़ताल के दौरान लिखी हुई)

मैं तुमसे नाराज़ ही थी!!

होता सत्य और अहिंसा में बल
तो दो टुकड़े न होने पाते
इतना ज़हर कैसे गया घुल
गर तुम्हारे उसूल सच्चे होते

सविनय अवज्ञा, असहकार
सत्याग्रह भी हुआ बेकार
क्यों कर दें हम दूसरा गाल
एक गाल पर जब हो वार?

यहाँ आम की छाया तले
छोटे संघर्ष के अंगार हैं
नेताओं के बोलों में मगर
विद्रोह की ताक़त अपार है

अंतहीन लंबी चर्चाओं पर
जाने क्यूँ इतना ज़ोर है
किससे क्या मांग रहे हैं
आत्म परीक्षण हीन शोर है

एकता में बल दिखाने के चलते
हर अलग सुर का दंड कठोर है
नेताओं के आवेश पर निर्भर
विमर्श-हीन संघर्ष कमज़ोर है

अंदर की अलग आवाज़ों को
हम डराकर चुप कराते हैं
हम कैसे 'उनसे' अलग हुए
एक दमनतंत्र हम भी चलाते हैं

जब मुझपर भेदी, मूर्ख होने का
इल्ज़ाम किसी ने दाग़ दिया
चिथड़े उसकी सच्चाई के
सबके समक्ष करूँ मन किया

अमवा तले से पवन चली
टेंट की प्लास्टिक को उड़ा गई
सामने खड़ी तुम्हारी मूर्ती
फिर से याद दिला गई

कोई चांटा दे एक गाल पर
तो मैं क्यों उसको चाँटा न दूँ
बंधे हाथ से हिंसा से लड़ूँ
कहीं मैं हिंसा का मार्ग न लूं!!

आंख के बदले आंख ने
देश को अंधा कर डाला
झूठ के तेज़ नाखूनों ने
सत्य को नकोड़ डाला

सदियों शांति के नाम पर
युद्ध पर युद्ध करते हैं
हिंसा के सारे पुजारी
अपने को शांति दूत कहते हैं

दूसरा गाल दिखाने पर भी
उसने मुझे थप्पड़ ही जड़ा
मगर अब मेरे अंदर गहरा
सत्य अहिंसा का बल बढ़ा

सौ हड़ताली दिनों बाद
अपने को अकेला पाती हूँ
मौन और दूसरा गाल लिए
अमवा तले रोज़ आती हूँ

मेरी ज़रूरतें

अब आसमान नहीं मांगती
बिसात बिछाने के लिए
अब सागर नही मांगती
भटक जाने के लिए
मैने अपनी ज़रूरतें कम कर ली हैं!

अब तुमको नहीं रोकती
वादे निभाने के लिए
अपने आप को नहीं टोकती
बेढंगा होने के लिए
मैने अपनी आदतें बदल ली हैं!

मैने अपनी ज़रूरतें कम कर ली हैं
के जब तुम लौटो,
तुम्हें मेरे किफ़ायती वजूद पर नाज़ हो!!
पर तुम आए नहीं!!
मेरा सस्ता सुंदर बिकाऊ,
रूप देखने!!!
शायद तुमने भी अपनी आदतें बदल ली हैं!!

ठंडी आग

सावन से मेरी तकरार है
आए जाए मुझ से क्या सरोकार है
मगर निगोड़ा हर बार जान लेता है
आग ठंडी पड़ने ही नहीं देता
बरसता है, बरसता है।

कई सावन ऐसे जलने, बुझने के बाद
मैं भागती हूँ सावन के उमड़ने के साथ
मैं उसके आते ही शहर छोड़ देती हूँ
पहाड़ों को जाते थे अंग्रेज़ गर्मियों में
मैं “अंग्रेज़ी समर” में जा धूप ओढ़ लेती हूँ

मुझे ढूंढ कर बड़बोला, वहाँ भी चला आता है
चुप नहीं रहता ज़रा भी, बरसने पे अड़ जाता है
चिढ़कर लौट आना पड़ता है घर अपने
अपनी हड्डियों का अलाव सुलगाने को
कल्मूहा नहीं सुलगने देता
बरसता है बरसता है!!

उसी सोफ़े के कोने में रखे
तकिये के नीचे छिपता है!!
हाए यह नासपीटा सावन

मेरे घर में क्यूँ रहता है?!
ज़रा भी सूखने नहीं देता
बरसता है बरसता है!!

तू शाहीन है

एक चौक घेरकर बैठीं थीं चुपचाप
कभी एक दूसरे के साथ से
कभी नारों से ख़ुद को गरम करतीं
उनका कुछ नहीं बिगाड़ सके
दिल्ली और दिसंबर की सर्दी!!

कोई कहता था बेवकूफी है
कोई कहता था है साज़िश
वो डटी रहीं नज़रंदाज़ कर
अखबार, परिवार से रंजिश।

इतनी सारी औरतें एक हुईं!
बस अपना रोष जताने को
न बुलडोज़र न बारिश न बेंत
हटा पाए ज़रा भी उनको।

हिजाब, बुरखा, डर किनारे कर,
मूक रह सवाल पूछे उन्होंने !
हर मुमकिन 'गिल्ट' से आज़ाद
चौक घेरकर बैठी रहीं कई महीने!

पहले महज़ औरतें थीं

बिना चेहरे बिना नाम की
अब ऊंचे आसमान में उड़ेंगी
पाबंदी नहीं रही परवाज़ की

जज़्बा रखने वालियों
कभी न समझना खुद को नाक़ाम
चौखट लांघने में ही जीत थी
चौक घेरने वालियों मेरा सलाम!

बात करो

आज मेरे साथ चलो
छोड़ सारी नादानियाँ
आओ हम माज़ी को
भूलने की बात करें

वो भी बड़े भोले दिन थे
बादलों पे थी उँगलियाँ
आओ भूली बारिश में
भीगने की बात करें

गहरा गए हैं फासले
एक उम्र है दरमियाँ
आओ संग धूप चखें
ढलने की बात करें

देखो नए फूल खिले
बौरा रहीं तितलियाँ
आओ उनके रंग छुएँ
'नैरंग' ईजाद करें

पधारो श्री राम

प्राण प्रतिष्ठा होगी कल
सजे हैं घर द्वार सकल
लेके पताका राम की
कहें सब अयोध्या चल!!

मेरे राम मेरे तन में हैं
इस मिट्टी के घट में राम
मेरे राम मेरे चित्त में हैं
इस तत्व अमिट में राम
सृष्टि के कण-कण में हैं
दिव्य सृजनशक्ति राम
और एक दशरथ के बेटे
रघुवर अयोध्यापति राम

नश्वर तन के अंदर राम
सृष्टि का केंद्र भी राम
भक्तों के आग्रह पर लेकिन
पधारो इस मंदिर में राम!!

कुण्डलिया

राजनीति ख़राब है, कही है मन की बात
आजकल नारा हैं, असहाय जानकी नाथ
असहाय जानकी नाथ की दुरावस्था थी
न्याय दिलाया तब से बने अयोध्यापति
ईश्वर को घर देने का दावा कर रही
तुम ही तय कर लो, भैंस बड़ी या राजनीति

चाँद से अलविदा

जब चांद से नाता टूट गया
सोचा अब मुक्त हो रहूंगी
औरत-पन आख़िर छूट गया
इंसानों में शामिल होऊंगी

वहाँ तो बस आदमी बोलते हैं
नहीं मुझको इंसान न आँको
मेरी पहचान कोई लिंग नहीं है
इस कल्मूही रीती को फूँको

मुझ सी और तारिकाऐं लेकर
आसमान से ऊपर जाऊँगी
ताज़ातरीन ख़्वाक़ जोड़कर
मैं नया सूरज बन जाऊंगी

ए चाँद अलविदा
अब मैं सूरज कहलाऊँगी!!

इंद्रायणी

जब यह जन्म ख़त्म हो जाएगा
सुनो, दफ़ना देना तुम मुझे
पश्चिमी घाटों के साए के नीचे
इंद्रायणी चावल की खेत तले
मुला मुठा के संगम से सींचे
दक्कन के इस पठार में
एक पोटली बना बीज सा
ज़मीन में भींच दफ़ना देना मुझे
चावल के दानों में लौटना है मुझे!